박물관 안의 기묘한 중국

자기

왕 가 저
강 파 그림
량 초 박훼림 역

료녕민족출판사
· 심양 ·

图书在版编目（CIP）数据

博物馆里的奇妙中国. 瓷器 : 朝鲜文 / 王可著 ; 姜波绘 ; 梁超, 朴卉琳译. -- 沈阳 : 辽宁民族出版社, 2024. 8. -- ISBN 978-7-5497-3022-3

Ⅰ. K87-49

中国国家版本馆CIP数据核字第2024F77T48号

博物馆里的奇妙中国. 瓷器

BOWUGUAN LIDE QIMIAO ZHONGGUO. CIQI

出版发行者：辽宁民族出版社有限公司
地　　　址：沈阳市和平区十一纬路25号　　邮编：110003
印　刷　者：辽宁新华印务有限公司
幅 面 尺 寸：250mm × 250mm
印　　　张：4.5
字　　　数：100千字
印　　　数：1-500
出 版 时 间：2024年8月第1版
印 刷 时 间：2024年8月第1次印刷
责 任 编 辑：李　欣
封 面 设 计：张琼月
责 任 校 对：赵敏宏

标 准 书 号：ISBN 978-7-5497-3022-3
定　　　价：58. 00元

邮购热线：024-23284335
淘宝网店：http:// lnmz2013.taobao.com
如有印装质量问题，请与出版社联系调换，联系电话：024-23284340

관장 추천사

중화문명은 전세계에서 유일하게 중단되지 않고 5,000년을 이어온 위대한 문명입니다. 긴 력사의 흐름 속에서 우리의 선조들이 남겨준 이야기들은 지금까지 류전되여온 하나하나의 문물 속에 고스란히 담겨져있습니다.

2020년 료녕성박물관에서 아동체험관을 개설하였는데 청소년들이 이 아동체험관을 통해 문물을 료해하고 박물관을 사랑하며 박물관과 함께 즐겁게 성장하기를 바랍니다. 이 책은 '손에 들고 다닐 수 있는 박물관'으로 간단하고 재미 있는 언어로 문물들을 생동하게 표현하였습니다. 청소년들은 이 책을 보면서 문물의 력사와 전통문화의 아름다움을 발견할 수 있습니다. 이 책을 만들게 된 리유도 바로 여기에 있습니다.

과거를 거울 삼아 현재를 고민하고 미래를 창조하는 것은 어린이 및 청소년 교육사업을 위해 짊어진 박물관의 사명입니다. 사랑스러운 청소년들이 박물관과 함께 사고력이 있고 꿈이 있는 어른으로 성장하여 중화문명의 빛과 열을 이어나가길 바랍니다.

료녕성박물관 부관장 동보후

우리는 지금 이 시대에 살고 있어요.

2000년 — 청 — 명 — 1500년 — 원 — 금 — 료 — 1000년 — 오대십국 — 당 — 수 — 남북조 — 500년 — 진(晋) — 삼국 — 한 — 서기 원년 — 진(秦) — 동주 (전국, 춘추) — 기원전 500년 — 서주 — 기원전 1000년 — 상 — 기원전 1500년 — 하 — 기원전 2000년

이 책의 주인공 소개

안녕하세요! 저는 구찌라고 해요. 박물관에서 일하는 엄마를 따라 박물관에 놀러 가는 걸 좋아하지요. 비밀 하나 알려줄게요, 박물관에서 많은 문물들과 친구가 되였어요! 문물들은 아주 오래전에 있었던 재미 있는 이야기도 들려주고 박물관 신비의 문도 열어주어요! 이제 저랑 함께 가볼가요?

구찌

호기심이 가득한 남자아이

안녕하세요! 저는 삼국시대에서 온 월요 청자 향료 항아리예요. 벌써 1,800살을 넘었지요. 제 배속에는 자기 가족들의 이야기가 가득 들어있죠! 아주 오래전 저를 고온에서 구워낸 장인님께 감사드려요. 제 유약 색갈이 얼마나 아름다운지 한번 보세요. 이렇게 오랜 세월이 지나도 여전히 새것처럼 반짝거려요. 이번엔 제가 구찌와 흰둥이에게 길을 안내해줄게요!

저는 명조에서 왔는데 지금 박물관에 살고 있어요. 아무도 없을 때면 뛰여나와 신체단련을 해요. 저는 박물관을 찾는 꼬마 친구들을 좋아해요. 그들은 질문이 끊이질 않아요.

흰둥이

원형은 명조 때 청화 토끼 무늬 그릇

항아리할머니

원형은 삼국시기 월요 청자 향료 항아리

저희와 함께 기묘한 박물관으로 떠나봅시다!

자기 이야기

우리가 식사할 때 사용하는 그릇, 접시가 바로 자기예요. 자기는 박물관에 만 있는 것이 아니라 우리의 일상생활에도 있어요. 우리와 아주 친한 친구예요.

자기란?

자기는 자석과  고령토를  섞어서 다양한 모양을  만든 다음 겉에 유약을 바르고 1,250℃ 정도의 고열에  구워서 만들어진 기물이에요.

유약이란?

최초의 유약은 상조 때에 나타났는데 기물에 유리와 같은 얇은 옷을 입히는 것이였어요.

투명 유약도 있고 채색 유약도 있어요.

미션:

꼬마친구들, 집에 있는 그릇, 접시, 컵 등을 살펴보면서 매끄러운 유약면을 찾아보세요. 그 유약은 투명한 것인가요? 채색인가요?

유약을 바르니 기물이 더 반질반질하고 쓰기 좋네요.

자기의 출현

최초로 발명된 토기

지금으로부터 2만년전, 선인들은 흙이 불을 만나면 굳어진다는 특성을 발견했어요. 그리하여 그들은 흙으로 여러가지 모양을 만들어 가마에 넣고 불에 구워 토기를 만들게 되였어요.

후에 흙과 불을 활용하는 기술이 끊임없이 발전되면서 가마의 온도가 점점 높아지고 구워낸 기물의 형태도 더욱 다양해졌어요.

토기의 발명이 있었기에 후날 자기가 나타날 수 있게 되였어요.

자기의 탄생

동한시기(25년—220년) 선인들은 불을 사용하는 경험을 많이 쌓았는데 오늘날 절강성 지역에서 처음으로 청유자기(青釉瓷器, 푸른 유약을 칠한 자기)를 만들어냈어요. (청자라고 략칭함)

청유자기의 출현은 자기의 첫막을 알렸어요.

이 조각들은 현존하는 가장 오래된 자기인 청유자기의 조각들로 지금은 북경 고궁박물원에 조심스럽게 소장되여있어요.

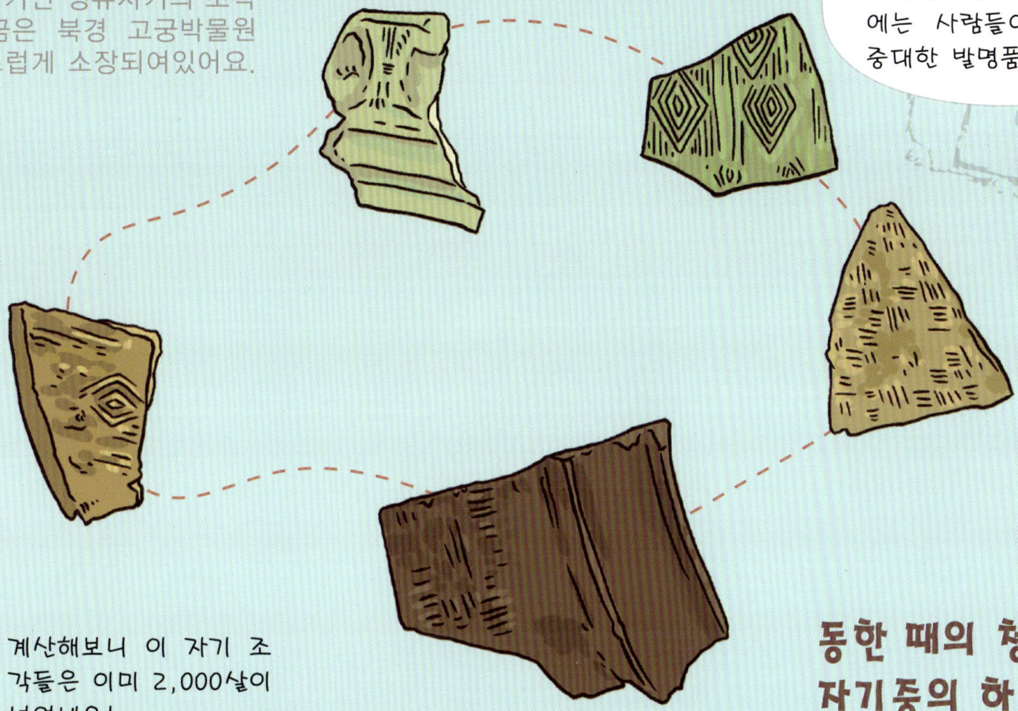

동한 때의 청자는 대표적인 초기 자기중의 하나예요.

동한 2개 고리가 있는 물결 무늬 청유 항아리

문물파일

2개 고리가 있는 물결 무늬 청유 항아리

시대: 동한

크기: 높이 19.4센치메터,
아가리 지름 9.2센치메터,
밑 지름 15.2센치메터

기능: 물과 술을 담기

굽는 온도: 1,250℃ 가량

출토지: 절강 상우

현재 소장지: 상해박물관

자기의 '몸체'

자기를 감상하려면 먼저 관련된 전문 용어를 알아야 해요. 자기 감상가들이 자기의 각 부위를 어떻게 부르는지 살펴보죠!

청조 두 귀 달린 분채 룡봉 모란병

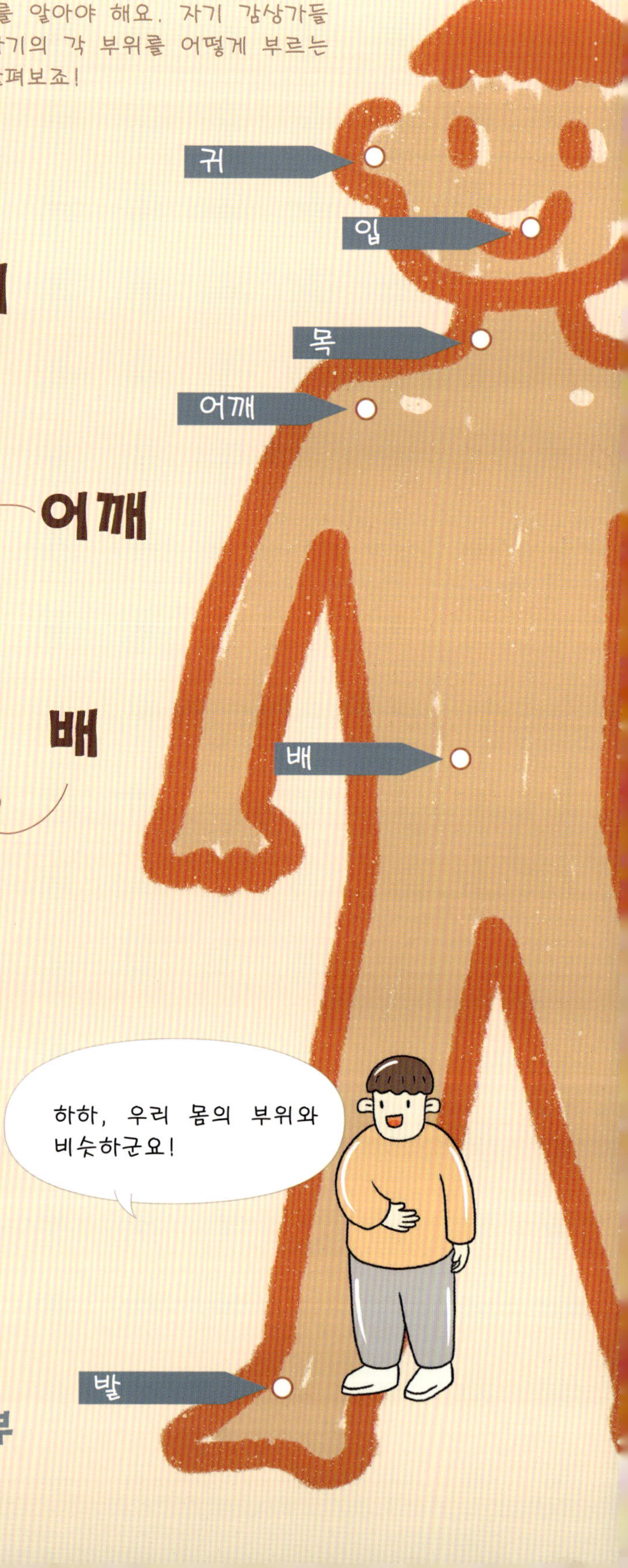

아가리, 귀, 목, 어깨, 배, 굽 등은 모두 자기의 각 부위를 가리킬 때 흔히 사용되는 전문용어예요.

다양한 '아가리'

입술처럼 약간 두께가 있어요.
순구
화구
화구는 만들기 어려워요.
창구
열린 대문과 같아요.
별구
입을 삐죽거린다는 뜻인가요?
접시처럼 생겼어요.
직구
깎아지른 듯한 모양이네요.
반구

자기와 토기의 차이

우리는 보통 도자기라고 하는데 사실 도기와 자기의 차이는 매우 커요. 그들의 다른 점을 함께 찾아보지요!

1. 제작 재료의 차이

2. 굽는 온도의 차이

상주(商周)시대에 사람들은 고령토를 리용하여 백도(白陶)를 만들어냈어요. 그러나 당시의 굽는 온도가 그리 높지 않았기 때문에 백자(白瓷)라고 할 수 없었어요. 그래서 특수한 흙뿐만 아니라 자기를 구워내는 온도도 아주 중요해요!

역주: 한어 원문은 '陶器'인데 조선어에서는 '토기(土器)'와 '도기(陶器)'로 나뉜다. 도기는 토기에 비하여 굽는 온도가 높다. 도기는 보통 온도가 1,200℃가 되여야 한다. 도기는 잘 정선된 보드라운 점토로 그릇을 빚고 높은 열에 구웠기 때문에 토기에 비하여 훨씬 굳고 견고하며 습기도 일정하게 막을 수 있다.

토기의 겉면에는 작은 구멍이 많이 있기에 물을 흡수할 수 있어요. 하지만 자기의 겉면에는 유약이 있어 물을 흡수할 수 없어요.

3. 하나는 물을 흡수할 수 있고 하나는 물을 흡수하지 못해요

토기와 자기에 물을 가득 담아요.

토기는 겉면이 점점 축축해지고 담겨있는 물이 줄어들었어요. 자기에 담은 물은 조금도 줄어들지 않았어요.

4. 하나는 빛이 새지만 다른 하나는 새지 못해요

해빛에 대고 비추어보면 자기는 빛이 통과할 수 있는데 토기는 아무리 강한 빛을 비추어도 도무지 통과하지 못해요.

자기를 구워내는 과정

자기가 도자기가마에 들어가기 전에 소태(素胎)를 보호하기 위하여 원통형의 점토용기에 넣는데 이런 용기를 갑발(匣钵)이라고 해요. 가마를 굽는 데 쓰는 주요 연료는 땔감이예요. 가마 속에 자기를 가득채운 후 벽돌로 출구를 완전히 밀페시킨 다음 1,250℃ 정도에서 구워내요. 이 과정은 보통 1박 1일이 걸리며 온도가 서서히 내려간 후 적당한 시기에 자기를 꺼내면 돼요.

가마와 굴뚝은 장기간 고온 상태에 처해있으므로 해마다 수리해야 해요.

자기를 따라 려행 갑시다!

동물을 좋아하나요? 지금으로부터 1,800년전의 위진(魏晋)시대로 가서 동물 모양 자기를 만나보아요!

1번 방문지

위진시대의 동물 모양 자기

격동의 삼국시대를 거친 후 사회가 안정된 위진시대(220년—420년)를 맞이하게 되였어요. 사람들이 안정된 생활을 하게 되면서 자기의 양식이 더욱 다양해지고 동물기형도 많이 나타났어요. 동물을 사랑하는 것으로부터 위진시기 사람들의 생활에 대한 열정을 엿볼 수 있지요. 아는 동물이 있는지 빨리 확인해볼가요?

서진시대 청유 곰 모양 자기

서진시대 청자 토끼 모양 수우

이 수우(水盂)는 옛날의 문방구인데 먹을 갈 때 물을 담는 도구예요.

서진시대 청자 호자

서진시대 청자 호자

호자는 쉽게 말해 뇨기(溺器), 즉 작은 요강이예요. 어떤 사람들은 수기(水器)라고 하지만 아직까지 명확한 정설은 없어요. 어떤 용도일 것 같아요? 여러분이라면 이걸로 뭘 하시겠어요?

서진시대 청유 닭머리 주전자

동진시대 청유 갈색 무늬 양머리 주전자

자기의 겉모양을 동물 형태로 만들기 어려워요. 이는 그 시기 자기를 만드는 장인들의 기술이 크게 발전했음을 의미해요.

지식 주유소

주전자의 변천

현재의 주전자는 일반적으로 웃쪽의 열린 곳에서 물을 넣고 옆의 가늘고 긴 주둥이를 통해 물을 쏟아내요. 하지만 최초의 주전자는 이렇지 않았어요.

최초의 주전자는 물을 넣는 곳에서 물을 쏟아내요.

량진(两晋)시대부터 주전자의 구조가 개선되기 시작하였는데 물을 웃쪽 아가리로 부어넣었다가 다시 주둥이를 통해 쏟아내요.

2번 방문지

당조의 자기 신품

위진남북조(魏晋南北朝)(220년—589년)가 끝난 후 중국력사는 통일된 수당(隋唐)시기를 맞이하였어요. 수조(隋朝)는 37년만 존재하였지만 당조의 성세를 위해 튼튼한 기초를 닦아놓았어요. 당조는 나라가 부유하고 안정적이며 서역(西域) 각국과의 교류가 밀접하고 문화가 다채로워 매우 휘황찬란한 시대였어요.

당조 때 남방과 북방에서 만든 자기는 달랐는데 북방에서 만든 자기는 백자(白瓷)였고 남방에서 만든 자기는 청자(青瓷)였어요. 이것이 바로 자기력사상의 '남청북백(南青北白)'이예요.

이 시기에 들어와서 닭머리 모양의 주전자 주둥이는 관 모양의 주둥이로 대체되면서 술을 담을 수도 있고 잔에 부을 수도 있었어요.

당조 장사요 첩화 주전자

당조 장사요 청유 채색 주전자

서역인(호인)이 음악을 연주하고 있어요. 이국적인 음악을 들으면서 술을 마시는 것은 당조 때의 류행이였나 봐요.

당조 장사요 갈색 첩화 호인 주전자

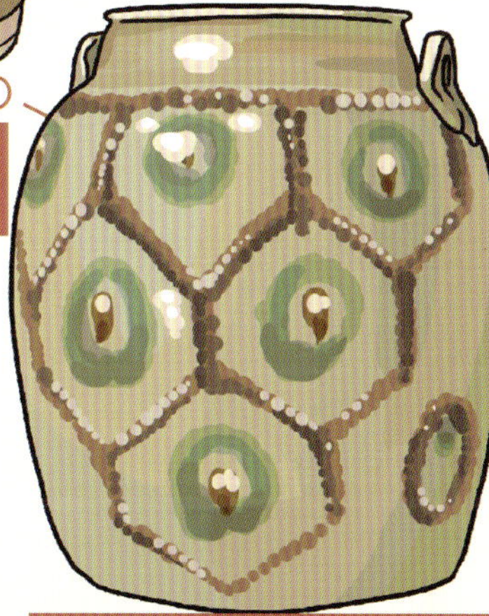

당조 장사요 2개의 고리가 달린 채색유약 항아리

이 도자기는 례사롭지 않아요. '비색자(秘色瓷)'라는 신비한 이름을 갖고 있지요. 비색자는 황제에게만 바치는 것으로 매우 보기 드문 것인데 얼음과 옥 같은 질감이예요. 섬서성 법문사(法门寺)의 지하궁전에서 출토된 이 유물은 당조 말기 황실이 례불할 때 사용하는 진귀한 기물이예요.

당조 비색자 팔각형 정수병

당조 비색자 꽃잎 모양 그릇

지식 주유소

법문사와 비색자

섬서성에 위치한 법문사는 당조 황실사원이예요.

법문사의 지하궁전에는 석가모니 진신의 불지사리가 모셔져있어요. 874년에 지하궁전이 페쇄되였어요. 1987년, 현지정부가 곧 무너질 듯한 법문사탑을 재건할 때 이 지하지궁을 발견했는데 고고학자들은 그 안에서 정교한 월요(越窑)청자와 돌에 새긴 〈의물장(衣物帐)〉을 발견했어요. 〈의물장〉의 기록에서 이런 자기들을 비색자라고 하였어요.

3번 방문지

송조 때 황제와 백성들이 가장 사랑하는 자기

송조(960년—1279년), 국가적으로 학습을 적극 창도하여 문화소양이 가장 높은 중국 고대사회를 이룩하였어요. 송조 때는 중국 력사상 미학의 절정이였다고 할 수 있어요. 이 시기의 자기가 얼마나 아름다운지 함께 살펴볼가요?

그릇(注碗)과 주전자(注壶)는 형제예요. 그들은 술을 데울 때 같이 사용해요.

술을 데울 때 그릇에 뜨거운 물을 담고 술이 담긴 주전자를 그릇에 넣어요.

송조 사람들이 가장 애용했던 다구—건잔(建盏)

송조 때 차를 마시는 방식이 지금과 달랐어요. 현대인들은 차잎 을 물에 우려먹는데 송조 사람들은 차를 마실 때 차잎을 갈아서 가루 를 내여 끓는 물을 부은 다음 작은 도구 로 하얀 거품을 내서 마셔요. 이런 방식을 점차(点茶)라고 해요.

검은 건잔에 하얀 차.

만들어낸 차탕은 흰색이예요. 누가 만든 차탕이 더 하얗고 거품이 더 많은지를 겨루는 것이 바로 송조 때 사람들이 즐겼던 투차놀이예요.

송휘종은 투차(斗茶)에 푹 빠졌는데 차탕의 흰색을 가장 잘 부각시키는 차잔은 복건성의 건잔이였어요.

건잔(建盏)의 무늬

토호(兔毫)

건잔은 유약이 두꺼워서 겉에 가늘고 긴 은색 결정 무늬가 나있는데 토호라고 불러요.

유적(油滴)

유약 표면에 작은 점 모양의 결정 반점이 있는데 이를 유적이라고 해요.

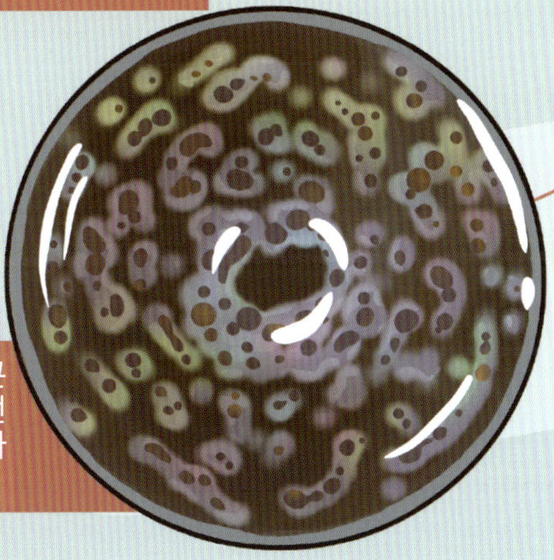

요변(曜变)

유약 표면을 보면 비교적 큰 원형의 채색 반점이 많은데 이런 잔은 굽는 과정에서 우연적으로 나타나는 것이라 매우 진귀해요.

송조의 자기, 복식, 그림에 사용한 색갈은 대체로 모두 우아하고 아름다워요. 이런 색갈은 중국 력사상 가장 함축적이고 우아한 색채예요.

4번 방문지

독특한 료 자기

중국 자기 력사상의 진기한 꽃

10세기초에 거란인(契丹人)은 중국 북방에 강대한 왕조를 세웠는데 료(辽) 또는 거란(907년—1125년)이라고 해요. 료는 북송(北宋)과 같은 시기에 존재한 북방 정권으로 200여년의 통치 과정에서 유목문화의 정취가 강하고 거란족 특유의 생활습관을 대표하는 자기를 만들어냈어요.

진기한 점 1: 계관주전자

료 백자 1구멍 계관주전자

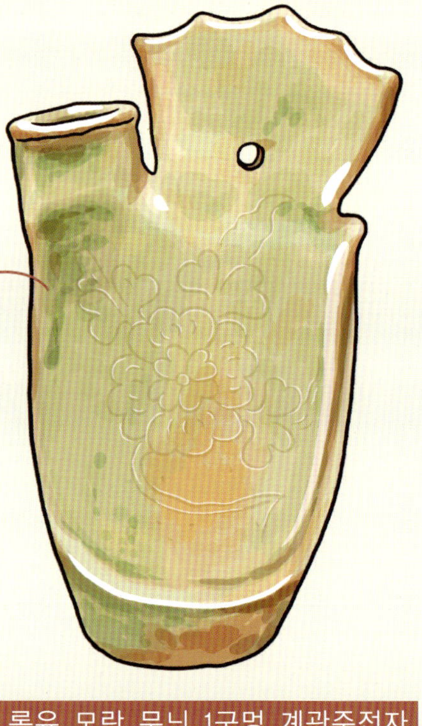

료 록유 모란 무늬 1구멍 계관주전자

손잡이 있는 계관주전자

료 손잡이 있는 백유 꽃 무늬 계관주전자

록유 룡 국화 무늬 2구멍 계관주전자

문물파일

록유 룡 국화 무늬 2구멍 계관주전자

시대: 료

크기: 높이 29.8센치메터, 너비 18.8센치메터

기능: 술과 우유를 담는 용기

현재 소장지: 료녕성박물관

참고: 저온에서 구워낸 유도

자기가 나타나기 전에 거란인들은 금속 혹은 가죽으로 술, 우유, 물을 담는 용기를 만들었어요. 금속으로 만든 주전자는 값이 비싸고 가죽재료로 만든 주전자는 씻기 불편했어요. 그리고 날씨가 더울 때 그 안에 담은 액체가 쉽게 변질되였어요.

료 흑갈유 2구멍 계관주전자

그후에 거란인들은 자기주전자로 가죽주전자와 금속주전자를 대체하었어요. 자기는 원가가 낮고 깨끗하고 위생적이여서 대번에 초원에서 류행하기 시작했어요.

유목민족인 거란인들은 가죽주전자와 금속주전자를 몸에 지니고 다니는 생활습관과 민족문화로 인해 자기를 민족특색 있는 양식으로 만들었어요. 이에 실용성과 류행성을 겸비한 기물로 되였어요.

진기한 점 2: 닭다리항아리

닭다리항아리는 매우 크고 술을 담는 데 사용해요. 유목민족은 주량이 워낙 좋아서 이렇게 큰 술항아리를 만들었어요.

어떤 닭다리항아리는 높이가 80센치메터나 돼요!

항아리할머니, 이렇게 높은 술항아리를 사용할 때 넘어지기 쉽겠죠?

구찌, 걱정하지 마요! 닭다리항아리는 나무로 된 받침대 우에 놓아요. 그 당시 벽화를 보면 알 수 있어요.

진기한 점 3: 봉수주전자

봉수주전자는 서역에서 전해온 손잡이가 달린 은기물에서 기원하였는데 당조 때부터 중원에 전해지기 시작하였어요. 사람들은 이를 호병(胡瓶)이라고 불러요.

이들은 물, 술, 우유를 담는 용기예요!

문물파일

황유 현 무늬 봉수주전자

시대: 료

크기: 높이 36.8센치메터, 너비 13센치메터

기능: 물, 술, 우유를 담는 용기

현재 소장지: 료녕성박물관

참고: 저온에서 구워낸 유도

료 황유 현 무늬 봉수주전자

료 록유 봉수주전자

당조 이후 봉수주전자의 뚜껑이 사라지고 아가리의 모양이 꽃모양으로 변했어요.

당조 청자 봉수룡손잡이 주전자

료 묘실 벽화

5번 방문지

대통일 원청화

원청화(元青花)란 원조 때 생산된 청화자기를 가리켜요. 원조(1206년—1368년)는 몽골인이 건립한 정권으로 원청화는 원조 심지어 중국을 대표하는 자기로 인정받고 있어요. 흥미롭게도 당시 몽골인들은 이런 자기를 그다지 좋아하지 않았어요. 그들은 유목민족이기 때문에 수초가 무성한 곳으로 자주 이사했어요. 자기는 쉽게 깨지고 가지고 다니기 불편하며 가격도 싸기 때문에 처음에는 이런 '하찮는' 병이나 항아리를 그다지 좋아하지 않았어요. 그들은 화려하고 귀중한 재료, 례를 들면 금, 비단 같은 것을 더 좋아했지요.

그러다 원조 사람들은 외국인들이 이런 자기를 매우 좋아한다는 것을 발견하게 되였죠. 청화자기는 당시 가장 널리 류통하는 수출품이 되여 그들에게 많은 부를 가져다주었어요.

청화자기는 이 때로부터 대량으로 나타나기 시작했고 세계적으로 이름을 떨치기 시작했어요.

청화자기란?

붓으로 코발트(钴)가 함유된 원료를 찍어 흰 소태에 도안을 그린 후 투명한 유약을 한층 씌우고 가마에 넣어 1,250℃ 정도의 고온에서 구워 만든 푸른색과 흰색이 섞인 자기를 말해요.

대부분은 흰 바탕에 푸른 꽃무늬예요.

원조 청화 련못 물새 무늬 병

보이세요?

푸른 바탕에 흰 꽃무
늬도 있어요.

원조 청화 련꽃 무늬 그릇

푸른색으로 꽃무늬 이외의 부분에 바탕색을 칠하여 여백을 두어 꽃무늬를 표현하는 방법이예요.

푸른 바탕에 흰 꽃무늬 양식의 제작 방법을 맞출 수 있나요?

앞서 언급한 바와 같이 원조 초기에 몽골인들은 청화자기를 선호하지 않다가 그들이 중원에 정착하여 자기의 사용이 많아지면서 청화자기의 지위가 점차 높아졌어요.

유하채란?

유하채(釉下彩)는 먼저 도안을 그린 다음 유약을 발라 굽는 자기의 장식수단이예요. 유약의 보호를 받아 도안은 잘 붙어있어 벗겨지지 않아요. 청화자기가 바로 가장 흔한 유하채 자기예요.

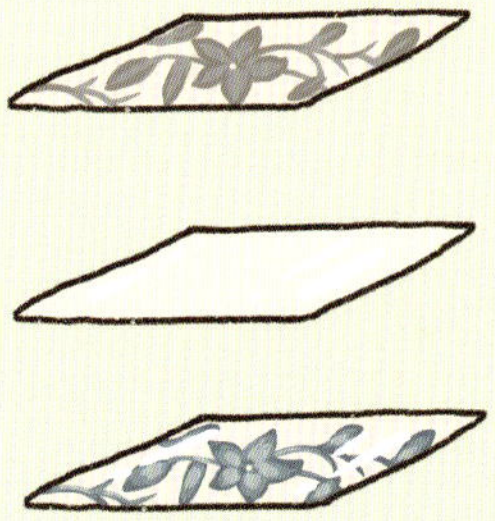

1. 소태에 그림을 그려요.
2. 투명 유약을 발라요.
3. 구워내요.

지식 주유소

청화자기는 어떻게 구워낼가요?

6번 방문지

살아있는 명조 자기

주원장이 원조를 멸망시키고 명조를 세웠어요. 명조는 270년 동안 통치를 해왔어요. 당시의 자기 신제품을 함께 살펴보아요. 명조부터 자기는 명확한 락관(底款儿)이 있게 되었는데 바로 제작 년대를 기물의 밑에 쓰는 것을 말해요.

새로 발명한 두채

두채(斗彩/逗彩)는 명조 성화(成化)년간에 처음으로 만들어낸 자기로 청화자기에 광물물감을 첨가한 후 다시 구워낸 자기를 말해요.

문물파일

성화 두채 닭 무늬 컵

- 시대: 명조
- 크기: 높이 3.4센치메터, 아가리지름 8.3센치메터
- 기능: 어용 술잔
- 현재 소장지: 고궁박물원

닭 무늬 컵을 들고 있는 성화황제

절 보러 와주셔서 고마워요. 저는 코끼리의 코가 있고 날개도 겸비한 바다 속의 괴물이지만 성격은 아주 좋아요!

지식 주유소

성화 두채 닭 무늬 컵의 유래

성화황제는 서예를 좋아했어요. 한번은 〈자모계도(子母鸡图)〉에서 어미닭이 병아리를 데리고 먹이를 찾는 따뜻한 장면을 보고 감명을 받아 술잔에 그 그림을 그리게 했어요. 성화 두채 닭 무늬 컵(成化斗彩鸡缸杯)는 요즘 류행하는 말로 말하자면 '맞춤제작(私人订制)'이였고 어용 자기였어요.

명조 성화 두채 닭 무늬 컵

《신종실록(神宗实录)》에는 "어전에 성화 두채 닭 무늬 컵 한쌍이 있는데 값이 십만…"이라고 기록되여 있어요. 이 문물의 진귀함을 충분히 나타내였지요.

명조 두채 해수 무늬 천자 항아리

연 날리는 아이를 찾을 수 있나요?

여기 그린 것이 명조 때 아이들의 소학교인가요?

선생님이 강의하고 계신가요? 그들은 무슨 책을 읽고 있나요?

명조 청화 아이 무늬 합

아이 무늬는 아이들이 노는 모습을 그린 것인데 자기에서 자주 나타나는 주제예요. 왜 그런지 아세요?

아이들이 많고 시끌벅적한 이런 정경은 '자식이 많으면 복이 많다'는 아름다운 의미로 간주되기 때문이예요. 그래서 명조, 청조 시대 사람들은 이런 그림이 있는 병을 집에 진렬하는 것을 좋아했는데 이는 가족과 자손의 번성함을 의미해요.

꼬마친구들, 여기가 우리 집이예요. 어때요? 우리 집의 주단은 아주 특별하지요?

명조 말기 민요(民窑)가 아주 번성하였어요. 이 접시에는 장식 도안이 풍부해요. 토끼 무늬는 몇획으로 그려졌지만 민첩하고 생동감이 감돌고 있어요.

명조 청화 토끼 무늬 접시

7번 방문지

다채로운 청조 자기

‘蝠(복)’자와 ‘福(복)’자의 한자 발음은 똑같아요.

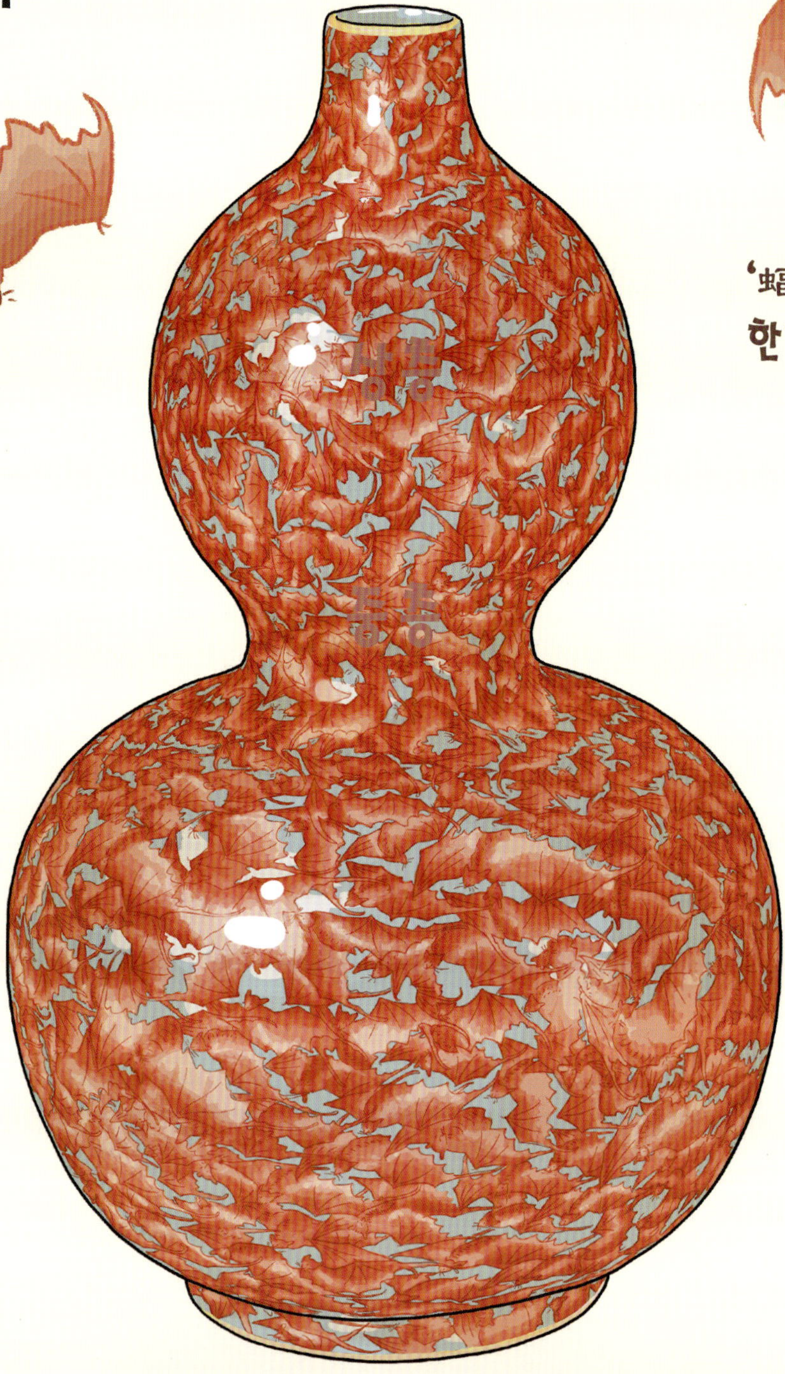

청조 건륭 홍록채 붉은 박쥐 무늬 조롱박 모양 병

문물파일

홍록채 붉은 박쥐 무늬 조롱박 모양 병

시대: 청조 건륭시기
기능: 궁중 진렬품
현재 소장지: 고궁박물원

붉은 박쥐가 하늘을 날아다니는 것은 ‘복이 하늘을 뒤덮었다(洪福齐天)’는 아름다운 뜻이 있어요.

이렇게 많은 박쥐가 조롱박 하나에 그려져있네요. 박쥐, 조롱박은 모두 옛사람들이 가장 좋아했던 것이예요.

청조 도광 자주빛 분채 백자도 별 구병

분채란?

분채(粉彩)는 소태 우에 도안의 륜곽을 그리고 도안 안에 유리백(玻璃白)을 칠한 다음 다시 물감을 유리백에 칠하는 자기 장식 기법이예요. 유리백은 채료(彩料)의 분화 유탁 작용으로 색갈을 윤택하게 해요.

자기에 대한 려행은 이만 마치겠어요.

더욱 멋진 려행을 기대하세요!

자기에 있는 룡

룡은 중화민족의 토템이자 중국 고대 황권의 전형적인 상징이예요. 2,000여년의 자기 문명 과정을 돌이켜보면 룡 무늬는 없어서는 안되는 부분이예요. 력대 왕조에서 룡은 모두 리상적인 사명을 짊어지고 있었어요. 자기에 있는 룡 무늬의 변천은 다른 시대의 개성을 반영하고 있어요. 함께 보시죠!

수당(隋唐)과 그 이전의 룡

이 주전자의 손잡이를 자세히 보세요. 고개를 숙이고 입을 벌려 주전자 주둥이를 꽉 물고 있는 룡이 보이나요?

모두 립체적인 룡이네요. 룡의 형상과 주전자의 손잡이를 결합시켰어요.

북제 무평 원년 청유 룡손잡이 닭머리 주전자

병 우에 튼튼하게 서있는 룡을 보면서 그 발의 힘을 느껴보세요!

저는 거의 1,500년 동안 이 자세로 서있었거든요!

북조 청유 첩화 룡병 반구 주전자

지식 주유소

등급이 가장 높은 수조 묘지—리정훈묘

리정훈은 9세에 세상을 떠났어요. 그녀는 황족 출신으로 똑똑하고 귀여운 데다 지위도 아주 높았어요. 외할머니의 사랑을 많이 받았기에 호화로운 장례로 그녀를 기념하였어요. 그녀의 무덤에서 고고학자들은 금은기, 옥기, 유리기, 자기 등 140여점의 진귀한 문물을 발견했어요. 그중에서 가장 눈길을 끄는 것은 순수하고 우아한 백자 쌍복 룡손잡이 전병이예요.

룡의 뿔은 휘여져있고 룡의 몸체는 아름답고 류창한 곡선으로 간소화되여 두그루의 아름다운 식물인 줄 알았어요!

이 두마리 룡은 마치 병을 삼켜버릴 듯이 입을 크게 벌려 병을 물고 있어요.

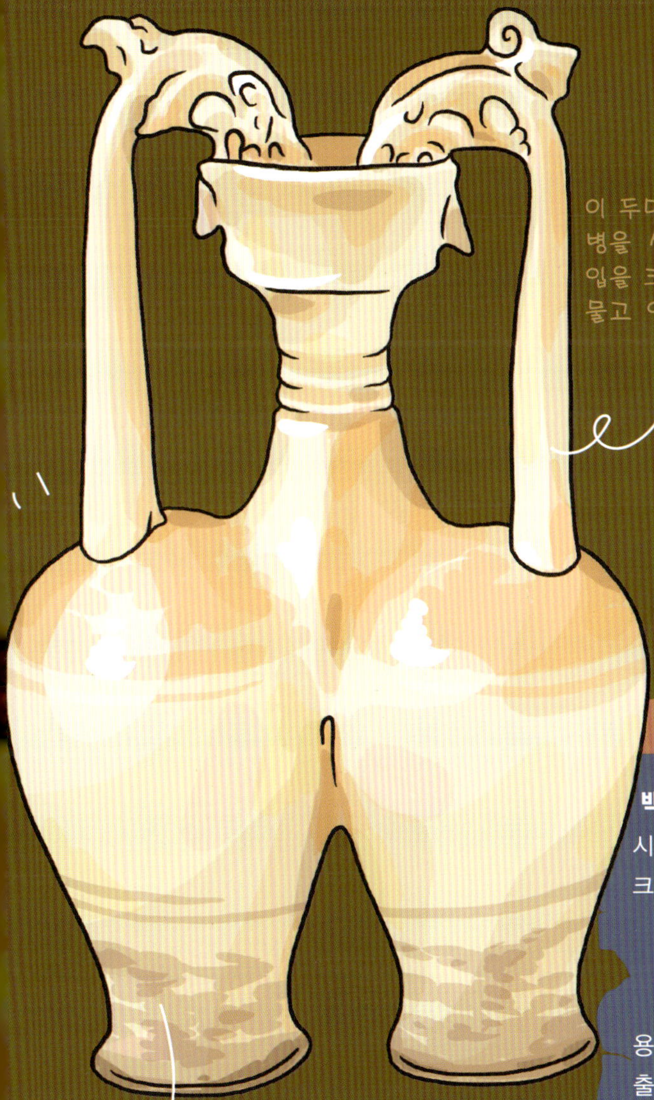

수조 백자 쌍복 룡손잡이 전병

이 병들은 모두 무엇에 쓰이는 것인가요? 당시 술을 담는 주전자였어요.

문물파일

백자 쌍복 룡손잡이 전병

시대: 수조(608년)

크기: 높이 18.6센치메터, 아가리 지름 4.5센치메터, 배 지름 6.3센치메터

용도: 부장품(술그릇이나 물그릇)

출토지: 섬서성 서안 리정훈묘에서 출토

현재 소장지: 중국국가박물관

양식이 복잡하네요, 룡이 어디에 있는지 찾아보세요.

룡을 찾았나요? 바로 여기 있네요.

주전자 손잡이는 똑바로 선 룡인데 룡이 입으로 주전자 아가리를 물면서 안을 들여다보며 앞발로 주전자 어깨를 받치고 뒤발로 나팔 모양의 밑받침을 잡고 있어요.

이는 중국 북방에서 온 초특급 국보로 화려하고 복잡한 조형은 당조의 담대함과 자신감을 보여주었으며 대외교류의 흔적을 보여주었어요. 주전자 뚜껑은 봉황 머리 모양에 높은 관자와 뾰족한 주둥이를 갖고 있어요. 주전자 뚜껑과 아가리가 잘 맞물려요.

당조 청유 봉수 룡손잡이 주전자

자기에 있는 룡

송조의 룡

송조는 아주 특별한 왕조예요. 선진(先秦)시대 제자백가 이후 송조에 이르러 다시 학술의 전성기를 맞게 되였고 송조 사람들의 미학적 감상도 절정에 이르렀어요.

송조의 룡은 그 자태가 한당시기의 룡보다 더욱 건장하고 중후한 느낌이 있어요. 이 시기의 룡은 외뿔의 형태로 나타났어요.

송조 자주요 백유 흑룡 무늬 긴 목 병

자주요는 북송 중기에 시작하였는데 백유흑채(꽃무늬) 자기로 유명해요. 자주요는 중국 자기 회화 장식의 새로운 방식을 개척하였으며 송조 이후의 청화자기와 채색자기가 크게 발전할 수 있는 기반을 마련하였어요.

이 룡의 머리가 정말 크네요. 목도 굵은 것이 마치 어수룩한 곰 같아요!

송조 자주요 백유 흑룡 무늬 매병

송조부터 자기에 룡 무늬를 그리는 것을 황실의 특권으로 삼았어요.

매병은 어디에 사용되는 걸가요?

매병(梅瓶)은 주로 술을 담는 데 사용해요. 도수 높은 증류주가 명조 중후기부터 등장하기 시작했어요. 송조, 원조 때 사람들이 마셨던 술은 지금의 막걸리와 비슷하여 도수가 낮아 많이 마실 수 있기 때문에 술병의 용량도 커야 했어요.

지식 주유소

자주요

일본에서 출판된 《중국도자기》라는 책에서 '자기(瓷器)'를 '자기(磁器)'로 썼는데 잘못 쓴 것일가요?

아니예요. 일본인들이 자주요에 열광하는데 이는 그만큼 자주요의 영향력이 대단했음을 보여주죠.

고대의 자주(磁州)는 지금의 하북성과 하남성의 린접지역인 자현(磁县)을 가리켜요.

자주요는 중국 북방의 가장 중요한 민요로 송조로부터 명청시대에 이르기까지 자주요의 기물은 대량적으로 수출되였어요.

자기에 있는 룡

원조, 명조, 청조의 룡

수당(隋唐) 이전의 룡은 선묘(仙妙)하고 당조의 룡은 민첩하고 송조의 룡은 듬직하고 원조의 룡은 사납고 명조의 룡은 웅장하고 청조의 룡은 매우 씩씩해요. 꼬마친구들은 어떤 모양의 룡을 가장 좋아하나요?

원조 청화 구름 룡 무늬 매병

명조 청화 구름 룡 무늬 천구병

원조의 룡은 머리가 작고 편평하며 몸이 가늘고 길어 뱀처럼 구불구불하고 사지가 건장하며 발톱은 힘을 주어 쫙 펴졌어요. 발견하셨나요? 룡의 뿔은 사슴의 뿔과 매우 비슷해요.

명조의 룡은 원조의 기초상에서 발전, 변화해온 것이예요. 더 사납고 위엄 있어 보이는데 머리는 약간 빳빳하게 서있고 코는 치켜 올라왔으며 눈은 두드러지게 볼록한데 이는 모두 명조 때 룡의 특징이예요.

구름 무늬와 해수 무늬가 룡 무늬와 함께 나타나는 경우가 매우 많아요. 이 무늬들이 함께 어우러져 룡이 천지를 누비며 사방을 떠도는 기세를 나타낼 수 있어요.

명조 두채 해수 룡 무늬 '천'자 개관

청조 청화 유리홍 구름 룡 무늬 천구병

청조의 룡은 머리카락이 훨씬 많아졌는데 이 모습이 더 위풍스럽게 느껴졌었나 봐요. 코도 오뚝하지 않고 둥글둥글해졌어요. 룡의 발톱은 매우 날카롭군요!

아시나요? 청조 황제는 다섯개 발톱이 달린 룡을 자신만 쓸 수 있는 진정한 룡이라고 규정했어요. 따라서 황제는 '진룡천자(真龙天子)'라고 불렸어요.

자기 속의 수족관

명조 백지 반홍 채색 물고기 무늬 그릇

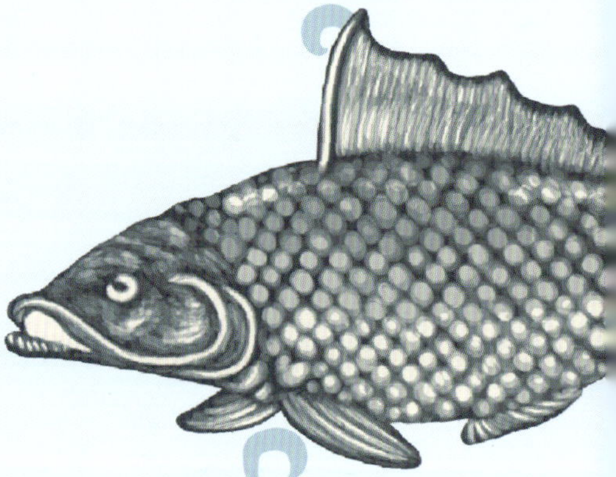

원조 청화 어조 무늬 항아리

물고기는 고대 사람들과 밀접한 관계를 가지고 있어요. 신석기시대부터 사람들은 물고기를 잡아먹기 시작하였어요. 사람들이 그릇을 구울 수 있게 되자 동물에 대한 감정을 그릇에 그리기 시작했어요. 또한 한자에서 '鱼(어, 물고기)'와 '余(여, 남을)'의 발음이 같아 물고기 무늬는 중국 고대 풍요로움의 상징이기도 했어요. 령물스러운 물고기의 역동적인 모습을 정적으로 표현된 물고기 무늬는 생기가 넘쳐 사람들의 사랑을 받고 있어요.

명조 청화 반홍 채색 5마리 물고기 무늬 굽다리 그릇

명조 채색 어조 무늬 개관

물고기, 련꽃, 부평초와 수초를 아울러 어조 무늬라고 해요. 송조 때 사람들이 처음으로 어조 무늬를 자기에 그렸는데 후세에도 기물 우에서 수초가 나풀거리고 물고기가 떠다니는 아름다운 그림이 계속되였어요.

외국인의 눈에 비친 자기

17세기말부터 18세기에 이르기까지 유럽에서는 중국풍이 불었는데 중국의 자기, 특히 청화자기는 유럽 각국 사람들의 사랑을 받았어요.

당시 유럽의 각 왕실은 모두 중국 자기를 소장하는 것을 영광으로 여겼어요. 유럽의 귀족 가문에서는 자기 전시실을 설치하여 중국 자기를 전시했으며 벽에 자기 접시를 붙여 장식하기도 했어요.

한때 중국 자기는 유럽 각국 왕실의 애용물로 되였으며 중요한 방에 놓여져 그들의 눈과 마음을 즐겁게 해주었어요.

프랑스 국왕 루이 14세는 1670년에 베르사이유궁전 안에 '트리아농 데 포셀라인(Trianon de Porcelaine)'을 건설하였는데 궁전 안에 부지기수의 중국 칠기와 청화자기가 진렬되여있었어요.

1735년 화물선 '그라플토호(格拉富图号)'와 '할레슨호(哈雷孙号)' 두척만 해도 중국 자기 24만점을 싣고 영국으로 갔어요.

박물관 창의 게임

물고기를 좋아하세요?
자기 속에 물고기가 먼 바다로
려행을 떠났다면 이 용기에 뭘
그릴 건가요?
연필을 들고 하얀 자기에 그림을
그려보세요!

박물관 창의 게임: 자기의 이름표 붙이기

꼬마친구들, 옛사람들은 아름다운 자기 조형을 많이 만들어냈어요. 그리고 병의 모양에 따라 포월병(抱月瓶), 천구병(天球瓶) 등 형상적이고 시적인 이름들을 지어줬지요. 함께 감상하시죠! 아, 아직 이름표를 붙이지 못한 것도 있어요. 이름표를 찾아서 정확한 위치에 붙여 주세요.

매병 **조롱박 모양 병** **마늘 모양 병** **봉퇴병** **두 귀 달린 병**

박물관 창의 게임: 청화자기 무늬 디자이너

고대 사람들은 청화자기에 다양한 무늬를 그렸어요. 그들은 자연을 좋아하고 공경해서 변화무쌍한 식물, 꽃, 열매, 바다, 구름 등을 자기에 그렸어요. 청화자기에서 흔히 볼 수 있는 무늬를 알아볼가요?

구름 무늬 흔히 볼 수 있는 구름 무늬는 일(一)자구름 무늬, 십(十)자구름 무늬, 임(壬)자구름 무늬, 산(山)자구름 무늬가 있어요.

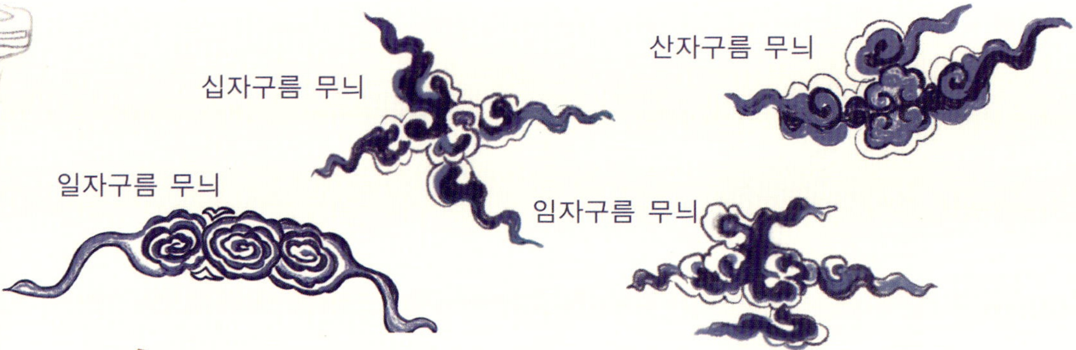

파초 무늬 일반적으로 아가리, 굽에 장식용으로 나타나요.

당초 무늬

얽힌 가지 무늬 얽힌 꽃, 잎을 묘사하는 무늬예요.

해수 무늬 물의 지혜와 기세를 표현하고 항상 룡의 형상에 맞춰 같이 등장해요.

꼬마디자이너님! 이 포월병에 아름다운 청화자 무늬를 장식해주세요.

나만의 박물관 일기

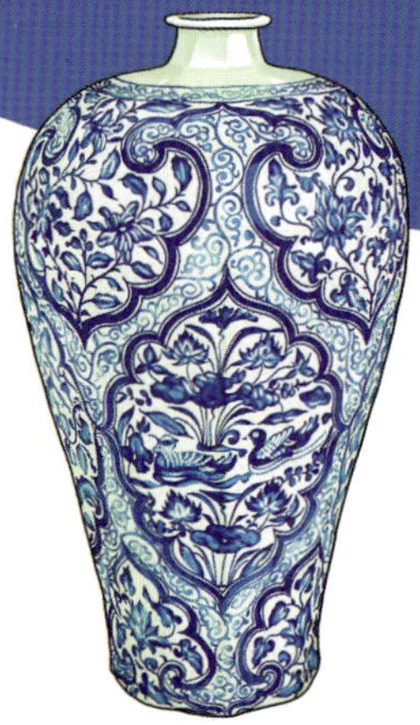

이름: ______________________

나이: ______________________

살고 있는 도시: ______________________

가장 좋아하는 박물관: ______________________

내가 최근에 간 박물관: ______________________

내가 갔던 박물에는: □ 자기가 있다 □ 자기가 없다 □ 주의하지 않았다

자기를 하나 소장할 수 있다면 나의 선택은: ______________________

그 리유는: ______________________

____

____

이 책을 읽고 나서 부모님께 하고 싶은 말은: ______________________

____

____

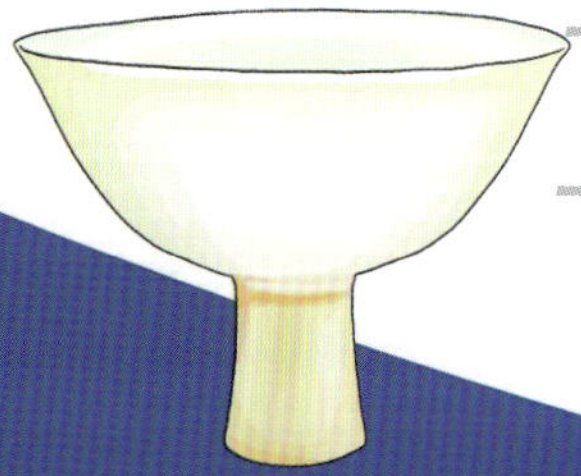

이 책의 미션 리스트

미션	난이도	완성
1. 집에 투명한 유약과 채색 유약을 바른 자기가 있는지 찾아보세요.	★★★	☐
2. 도기와 자기, 원자재의 다른 점을 말해보세요.	★★★	☐
3. 자기를 만들려면 온도가 얼마나 높아야 하는지 생각해보세요.	★★★★	☐
4. 자기 '몸체'의 중요한 부분을 생각해보세요.	★★★★	☐
5. 호자(虎子)의 용도에 대한 생각을 말해보세요.	★★★	☐
6. 기회가 있으면 부모님과 함께 법문사 지하궁전에서 출토된 비색자를 보러 가보세요.	★★★	☐
7. 료의 신기한 계관주전자의 유래를 찾아보세요.	★★★	☐
8. 벽화 속에서 닭다리항아리의 사용법을 찾아보세요.	★★★★	☐
9. 가장 위풍당당하다고 생각되는 룡 무늬 자기를 골라 그 왕조를 맞춰주세요.	★★★★	☐
10. 가장 기력이 없다고 생각되는 룡 무늬 자기를 골라 어느 왕조의 자기인지 살펴보세요.	★★★★★	☐
11. 자기를 따라 각 왕조를 려행할 때, 그 왕조부터 지금까지 몇년인지 계산해보세요.	★★★	☐
12. '나만의 특별한 자기'를 그려보세요.	★★★★★	☐

꼬마친구들, 자기 려행은 여기까지예요. 이 책을 통해 중국의 찬란한 자기 문화를 료해하고 자기에 대한 취미가 생기기를 바래요. 이 책을 펼치는 순간, 자기를 제작하고 그린 옛날 장인들과 대화가 시작되죠. 자기에서 흘러나오는 아름다움으로부터 옛사람들의 교묘한 구상, 중국 전통문화의 귀여움과 겸손을 느낄 수 있기를 기대해요.

역자 소개:

량초(梁超)

중국번역협회 전문가회원. 대련외국어대학 조선어번역전공 석사학위를 취득한 후 훌륭한 통번역사가 되여 줄곧 원활한 소통을 위한 가교 역할을 발휘하기에 노력해왔다. CATTI 조선어 통역/번역 1급 시험을 통과했으며 100회 이상 국제회의 통역 경험이 있고 번역 저서 10여권을 출판했다. 대표 작품으로 《我的富翁计划》, 《你的正直善良，留给值得的人》 등이 있다.

박훼림(朴卉琳)

중국번역협회 전문가회원. 연변대학 조선어통역전공 석사를 졸업하고 프리랜서 동시통역사로 활동하면서 꾸준히 통번역 실력을 키워왔다. CATTI 조선어 통역/번역 1급 시험을 통과했으며 100회 이상 다양한 국제회의 동시통역 경험이 있다. 또한 대학에서 초빙강사로 중한-한중 번역 수업을 진행하고 있으며 각종 국제행사의 중한 MC로도 활약하고 있다.

부모님께 드리는 독서 조언:

문물과 박물관 관련 아동도서는 취학전 아이들이 상상의 나래를 펼칠 수 있는 세계입니다. 아이들은 문물의 형태, 무늬, 기능 등에 대해 여러가지 의문이 생기게 되는데 이 때 부모님들이 책 속의 지식과 아이가 익숙한 사물을 서로 련관시켜 설명해주시면 아이들이 더 잘 리해하고 기억할 수 있습니다. 책을 읽을 때 조금씩 소화할 수 있도록 두세개 지식점만 선택할 것을 권장합니다. 책 속의 박물관 창의 게임은 가족놀이로 활용할 수 있습니다.

취학한 어린이의 경우, 부모의 동반열독은 아이와 눈높이를 맞추는 기초이며 아이와 함께 토론을 진행하는 것도 좋은 방법입니다. 아이가 더 알고 싶은 부분이 있을 경우, 아이가 탐색하며 답을 찾을 수 있도록 자료를 찾는 데 도움을 주시면 됩니다. 이는 효과적인 동반 학습 방식입니다.

료녕성박물관 공공복무부 부주임 장영

民族文字出版专项资金资助项目

박물관 안의 기묘한 중국 자기

왕가 저
강파 그림
량초 박혜림 역

료녕민족출판사